T
A
B

T
A
B

T
A
B

T
A
B

T
A
B

T
A
B

T
A
B

T
A
B

T
A
B

T
A
B

T
A
B

T
A
B

T
A
B

T
A
B

T
A
B

T
A
B

T
A
B

T
A
B

T
A
B

T
A
B

T
A
B

T
A
B

T
A
B

T
A
B

T
A
B

T
A
B

T
A
B

T
A
B

T
A
B

T
A
B

T
A
B

T
A
B

T
A
B

T
A
B

T
A
B

T
A
B

T
A
B

T
A
B

T
A
B

T
A
B

T
A
B

T
A
B

T
A
B

T
A
B

T
A
B

T
A
B

T
A
B

T
A
B

T
A
B

T
A
B

T
A
B

T
A
B

T
A
B

T
A
B

T
A
B

T
A
B

T
A
B

T
A
B

TAB

TAB

TAB

TAB

TAB

TAB

TAB

TAB

T
A
B

T
A
B

T
A
B

T
A
B

T
A
B

T
A
B

T
A
B

T
A
B

T
A
B

T
A
B

T
A
B

T
A
B

T
A
B

T
A
B

T
A
B

T
A
B

T
A
B

T
A
B

T
A
B

T
A
B

T
A
B

T
A
B

T
A
B

T
A
B

T
A
B

T
A
B

T
A
B

T
A
B

T
A
B

T
A
B

T
A
B

T
A
B

T
A
B

T
A
B

T
A
B

T
A
B

T
A
B

T
A
B

T
A
B

T
A
B

T
A
B

T
A
B

T
A
B

T
A
B

T
A
B

T
A
B

T
A
B

T
A
B

T
A
B

T
A
B

T
A
B

T
A
B

T
A
B

T
A
B

T
A
B

T
A
B

T
A
B

T
A
B

T
A
B

T
A
B

T
A
B

T
A
B

T
A
B

T
A
B

T
A
B

T
A
B

T
A
B

T
A
B

T
A
B

T
A
B

T
A
B

T
A
B

T
A
B

T
A
B

T
A
B

T
A
B

T
A
B

T
A
B

T
A
B

T
A
B

T
A
B

T
A
B

T
A
B

T
A
B

T
A
B

T
A
B

T
A
B

T
A
B

T
A
B

T
A
B

T
A
B

T
A
B

T
A
B

T
A
B

T
A
B

T
A
B

T
A
B

T
A
B

T
A
B

T
A
B

T
A
B

T
A
B

T
A
B

T
A
B

T
A
B

T
A
B

T
A
B

T
A
B

T
A
B

T
A
B

T
A
B

T
A
B

T
A
B

T
A
B

T
A
B

T
A
B

T
A
B

T
A
B

T
A
B

T
A
B

T
A
B

T
A
B

T
A
B

T
A
B

T
A
B

T
A
B

T
A
B

T
A
B

T
A
B

T
A
B

T
A
B

T
A
B

T
A
B

T
A
B

T
A
B

T
A
B

T
A
B

T
A
B

T
A
B

T
A
B

T
A
B

T
A
B

T
A
B

T
A
B

T
A
B

T
A
B

T
A
B

T
A
B

T
A
B

T
A
B

T
A
B

T
A
B

T
A
B

T
A
B

T
A
B

T
A
B

T
A
B

T
A
B

T
A
B

T
A
B

T
A
B

T
A
B

T
A
B

T
A
B

T
A
B

T
A
B

T
A
B

T
A
B

T
A
B

T
A
B

T
A
B

T
A
B

T
A
B

T
A
B

T
A
B

T
A
B

T
A
B

T
A
B

T
A
B

T
A
B

T
A
B

T
A
B

T
A
B

T
A
B

T
A
B

T
A
B

T
A
B

T
A
B

T
A
B

T
A
B

T
A
B

T
A
B

T
A
B

T
A
B

T
A
B

T
A
B

T
A
B

T
A
B

T
A
B

T
A
B

T
A
B

T
A
B

T
A
B

T
A
B

T
A
B

T
A
B

T
A
B

T
A
B

T
A
B

T
A
B

T
A
B

T
A
B

T
A
B

T
A
B

T
A
B

T
A
B

T
A
B

T
A
B

T
A
B

T
A
B

T
A
B

T
A
B

T
A
B

T
A
B

T
A
B

T
A
B

T
A
B

T
A
B

T
A
B

T
A
B

T
A
B

T
A
B

T
A
B

T
A
B

T
A
B

TAB

TAB

TAB

TAB

TAB

TAB

TAB

T
A
B

T
A
B

T
A
B

T
A
B

T
A
B

T
A
B

T
A
B

T
A
B

T
A
B

T
A
B

T
A
B

T
A
B

T
A
B

T
A
B

T
A
B

T
A
B

T
A
B

T
A
B

T
A
B

T
A
B

T
A
B

T
A
B

T
A
B

T
A
B

T
A
B

T
A
B

T
A
B

T
A
B

T
A
B

T
A
B

T
A
B

T
A
B

T
A
B

T
A
B

T
A
B

T
A
B

TAB

TAB

TAB

TAB

TAB

TAB

TAB

T
A
B

T
A
B

T
A
B

T
A
B

T
A
B

T
A
B

T
A
B

T
A
B

T
A
B

T
A
B

T
A
B

T
A
B

T
A
B

T
A
B

T
A
B

T
A
B

T
A
B

T
A
B

T
A
B

T
A
B

T
A
B

T
A
B

T
A
B

T
A
B

T
A
B

T
A
B

T
A
B

T
A
B

T
A
B

T
A
B

T
A
B

T
A
B

T
A
B

T
A
B

T
A
B

T
A
B

T
A
B

T
A
B

T
A
B

T
A
B

T
A
B

T
A
B

T
A
B

T
A
B

T
A
B

T
A
B

T
A
B

T
A
B

T
A
B

T
A
B

T
A
B

T
A
B

T
A
B

T
A
B

T
A
B

T
A
B

T
A
B

T
A
B

T
A
B

T
A
B

T
A
B

T
A
B

T
A
B

T
A
B

TAB

TAB

TAB

TAB

TAB

TAB

TAB

T
A
B

T
A
B

T
A
B

T
A
B

T
A
B

T
A
B

T
A
B

T
A
B

T
A
B

T
A
B

T
A
B

T
A
B

T
A
B

T
A
B

T
A
B

T
A
B

T
A
B

T
A
B

T
A
B

T
A
B

T
A
B

T
A
B

T
A
B

T
A
B

T
A
B

T
A
B

T
A
B

T
A
B

T
A
B

T
A
B

T
A
B

T
A
B

T
A
B

T
A
B

T
A
B

T
A
B

T
A
B

T
A
B

T
A
B

T
A
B

T
A
B

T
A
B

T
A
B

T
A
B

T
A
B

T
A
B

T
A
B

T
A
B

T
A
B

T
A
B

T
A
B

T
A
B

T
A
B

T
A
B

T
A
B

T
A
B

T
A
B

T
A
B

T
A
B

T
A
B

T
A
B

T
A
B

T
A
B

T
A
B

T
A
B

T
A
B

T
A
B

T
A
B

T
A
B

T
A
B

T
A
B

T
A
B

T
A
B

T
A
B

T
A
B

T
A
B

T
A
B

TAB

TAB

TAB

TAB

TAB

TAB

TAB

T
A
B

T
A
B

T
A
B

T
A
B

T
A
B

T
A
B

T
A
B

T
A
B

T
A
B

T
A
B

T
A
B

T
A
B

T
A
B

T
A
B

T
A
B

T
A
B

T
A
B

T
A
B

T
A
B

T
A
B

T
A
B

T
A
B

T
A
B

T
A
B

T
A
B

T
A
B

T
A
B

T
A
B

T
A
B

T
A
B

T
A
B

T
A
B

T
A
B

T
A
B

T
A
B

T
A
B

T
A
B

T
A
B

T
A
B

T
A
B

T
A
B

T
A
B

T
A
B

T
A
B

T
A
B

T
A
B

T
A
B

T
A
B

T
A
B

T
A
B

T
A
B

T
A
B

T
A
B

T
A
B

T
A
B

T
A
B

T
A
B

T
A
B

T
A
B

T
A
B

T
A
B

T
A
B

T
A
B

T
A
B

T
A
B

T
A
B

T
A
B

T
A
B

T
A
B

T
A
B

T
A
B

T
A
B

T
A
B

T
A
B

T
A
B

T
A
B

T
A
B

T
A
B

T
A
B

T
A
B

T
A
B

T
A
B

T
A
B

T
A
B

T
A
B

T
A
B

T
A
B

T
A
B

T
A
B

T
A
B

T
A
B

T
A
B

T
A
B

T
A
B

T
A
B

T
A
B

T
A
B

T
A
B

T
A
B

T
A
B

T
A
B

T
A
B

T
A
B

T
A
B

T
A
B

T
A
B

T
A
B

T
A
B

T
A
B

T
A
B

T
A
B

T
A
B

T
A
B

T
A
B

T
A
B

T
A
B

T
A
B

T
A
B

T
A
B

TAB

TAB

TAB

TAB

TAB

TAB

TAB

T
A
B

T
A
B

T
A
B

T
A
B

T
A
B

T
A
B

T
A
B

T
A
B

T
A
B

T
A
B

T
A
B

T
A
B

T
A
B

T
A
B

T
A
B

T
A
B

T
A
B

T
A
B

T
A
B

T
A
B

T
A
B

T
A
B

T
A
B

T
A
B

T
A
B

T
A
B

T
A
B

T
A
B

T
A
B

T
A
B

T
A
B

T
A
B

T
A
B

T
A
B

T
A
B

T
A
B

T
A
B

T
A
B

T
A
B

T
A
B

T
A
B

T
A
B

T
A
B

T
A
B

T
A
B

T
A
B

T
A
B

T
A
B

T
A
B

T
A
B

T
A
B

T
A
B

T
A
B

T
A
B

T
A
B

T
A
B

T
A
B

T
A
B

T
A
B

T
A
B

T
A
B

T
A
B

T
A
B

T
A
B

T
A
B

T
A
B

T
A
B

T
A
B

T
A
B

T
A
B

T
A
B

T
A
B

T
A
B

T
A
B

T
A
B

T
A
B

T
A
B

T
A
B

T
A
B

T
A
B

T
A
B

T
A
B

T
A
B

T
A
B

T
A
B

T
A
B

T
A
B

T
A
B

T
A
B

T
A
B

T
A
B

T
A
B

T
A
B

T
A
B

T
A
B

T
A
B

T
A
B

T
A
B

T
A
B

T
A
B

T
A
B

T
A
B

T
A
B

T
A
B

T
A
B

T
A
B

T
A
B

T
A
B

T
A
B

T
A
B

T
A
B

T
A
B

T
A
B

T
A
B

T
A
B

T
A
B

T
A
B

T
A
B

T
A
B

T
A
B

T
A
B

T
A
B

T
A
B

T
A
B

T
A
B

T
A
B

T
A
B

T
A
B

T
A
B

T
A
B

T
A
B

T
A
B

T
A
B

T
A
B

T
A
B

T
A
B

T
A
B

T
A
B

T
A
B

T
A
B

T
A
B

T
A
B

T
A
B

T
A
B

T
A
B

T
A
B

T
A
B

T
A
B

T
A
B

T
A
B

T
A
B

T
A
B

T
A
B

T
A
B

T
A
B

T
A
B

T
A
B

T
A
B

T
A
B

T
A
B

T
A
B

T
A
B

T
A
B

T
A
B

T
A
B

T
A
B

T
A
B

T
A
B

T
A
B

T
A
B

T
A
B

T
A
B

T
A
B

T
A
B

T
A
B

T
A
B

T
A
B

T
A
B

T
A
B

T
A
B

T
A
B

T
A
B

T
A
B

T
A
B

T
A
B

T
A
B

T
A
B

T
A
B

T
A
B

T
A
B

T
A
B

T
A
B

T
A
B

T
A
B

T
A
B

T
A
B

T
A
B

T
A
B

T
A
B

T
A
B

T
A
B

T
A
B

T
A
B

T
A
B

T
A
B

T
A
B

T
A
B

T
A
B

T
A
B

T
A
B

T
A
B

T
A
B

T
A
B

T
A
B

T
A
B

T
A
B

T
A
B

T
A
B

T
A
B

T
A
B

T
A
B

T
A
B

T
A
B

T
A
B

T
A
B

T
A
B

T
A
B

T
A
B

T
A
B

T
A
B

T
A
B

T
A
B

T
A
B

T
A
B

T
A
B

T
A
B

T
A
B

T
A
B

T
A
B

T
A
B

T
A
B

T
A
B

T
A
B

T
A
B

T
A
B

T
A
B

TAB

TAB

TAB

TAB

TAB

TAB

TAB

T
A
B

T
A
B

T
A
B

T
A
B

T
A
B

T
A
B

T
A
B

T
A
B

T
A
B

T
A
B

T
A
B

T
A
B

T
A
B

T
A
B

T
A
B

T
A
B

T
A
B

T
A
B

T
A
B

T
A
B

T
A
B

T
A
B

T
A
B

T
A
B

T
A
B

T
A
B

T
A
B

T
A
B

T
A
B

T
A
B

T
A
B

T
A
B

T
A
B

T
A
B

T
A
B

T
A
B

T
A
B

T
A
B

T
A
B

T
A
B

T
A
B

T
A
B

T
A
B

T
A
B

T
A
B

T
A
B

T
A
B

T
A
B

T
A
B

T
A
B

T
A
B

T
A
B

T
A
B

T
A
B

T
A
B

T
A
B

T
A
B

T
A
B

T
A
B

T
A
B

T
A
B

T
A
B

T
A
B

TAB

TAB

TAB

TAB

TAB

TAB

TAB

TAB

TAB

TAB

TAB

TAB

TAB

TAB

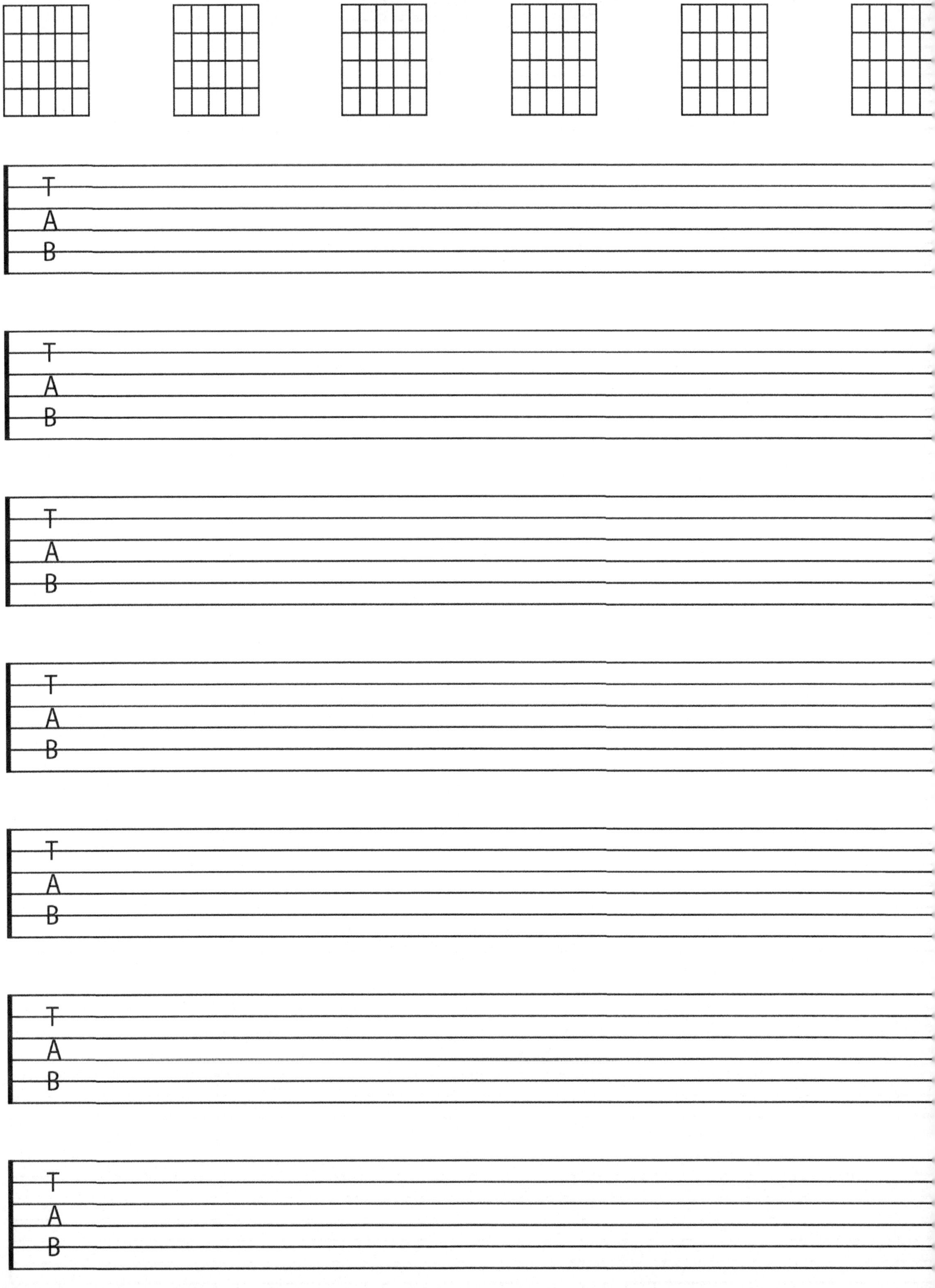
T
A
B
T
A
B
T
A
B
T
A
B
T
A
B
T
A
B
T
A
B

T
A
B

T
A
B

T
A
B

T
A
B

T
A
B

T
A
B

T
A
B

T
A
B

T
A
B

T
A
B

T
A
B

T
A
B

T
A
B

T
A
B

T
A
B

T
A
B

T
A
B

T
A
B

T
A
B

T
A
B

T
A
B

T
A
B

T
A
B

T
A
B

T
A
B

T
A
B

T
A
B

T
A
B

T
A
B

T
A
B

T
A
B

T
A
B

T
A
B

T
A
B

T
A
B

T
A
B

T
A
B

T
A
B

T
A
B

T
A
B

T
A
B

T
A
B

T
A
B

T
A
B

T
A
B

T
A
B

T
A
B

T
A
B

T
A
B

T
A
B

T
A
B

T
A
B

T
A
B

T
A
B

T
A
B

T
A
B

T
A
B

T
A
B

T
A
B

T
A
B

T
A
B

T
A
B

T
A
B

T
A
B

T
A
B

T
A
B

T
A
B

T
A
B

T
A
B

T
A
B

T
A
B

T
A
B

T
A
B

T
A
B

T
A
B

T
A
B

T
A
B

T
A
B

Thank you for purchasing This book .if you enjoyed The feedback on amazon Would be greatly appreciated .

Printed in Great Britain
by Amazon

24735265R00084